AF185821

DENIS DIDEROT

Gründe, meinem alten Hausrock nachzutrauern

Über die Frauen
Zwei Essays

Aus dem Französischen von
Hans Magnus Enzensberger

FRIEDENAUER PRESSE
Berlin

*Gründe, meinem alten Hausrock
nachzutrauern,* oder:
*Eine Warnung an alle, die mehr Geschmack
als Geld haben*

Warum habe ich ihn nicht behalten? Er paßte zu mir, ich paßte zu ihm. Er schmiegte sich jeder Wendung meines Körpers an; er hat mich nie gestört; er stand mir so gut, daß ich mich ausnahm wie von Künstlerhand gemalt. Der neue, steif und förmlich, macht mich zur Schneiderpuppe. Kein Bedürfnis, dem der alte nicht entgegengekommen wäre; denn fast nie hat die Armut etwas dagegen, sich nützlich zu zeigen. Lag Staub auf einem Buch, schon bot sich einer seiner Zipfel an, ihn abzuwischen. War mir die Tinte eingetrocknet und wollte nicht mehr aus der Feder fließen, so lieh er mir einen Ärmel: lange schwarze Streifen legten von den häufigen Diensten, die er mir geleistet hat, Zeugnis ab. An diesen Tintenspuren war der Mann der Literatur, der Schriftsteller, der arbeitende Mensch zu erkennen. Und heute? Ich sehe aus wie ein reicher Tagedieb, man sieht mir nicht mehr an, wer ich bin.

Unter seinem Schutz hatte ich weder das Ungeschick des Dieners noch mein eigenes, weder Feuer noch Wasser zu fürchten. Ich war ganz und gar Herr meines alten Hausrocks; ich bin zum Sklaven des neuen geworden.

Der Drache, der das Goldene Vlies zu bewachen hatte, war nicht weniger auf der Hut als ich. Der Gegenstand meiner Sorge hüllt mich ein.

Der Greis, der sich Hals über Kopf in ein junges Mädchen verliebt hat und ihren Launen hilflos ausgeliefert ist, fragt sich den ganzen Tag lang: Wo ist sie geblieben, meine gute alte Haushälterin? Welcher Teufel hat mich geritten, als ich ihr den Laufpaß gab um dieser Verrückten willen? Dann seufzt er; es kommen ihm die Tränen.

Ich seufze nicht, mir kommen keine Tränen; doch immer wieder sage ich mir: Verdammt soll er sein, der Kerl, der auf die Idee gekommen ist, aus einem Stück gewöhnlichen Stoffs eine Kostbarkeit zu machen, indem er ihn scharlachrot färbte! Verfluchtes Luxuskleid, dem ich meine Reverenz erweise! Wo ist er hin, mein bescheidener, mein bequemer Wollfetzen?

Liebe Freunde, haltet an den Freunden fest, die euch geblieben sind. Fürchtet die Schläge des Reichtums! Laßt euch mein Beispiel eine Lehre sein. Die Armut hat ihre Freiheiten, der Reichtum seine Zwänge.

Ach, Diogenes! wenn du deinen Schüler im prunkvollen Mantel eines Aristipp sehen könntest, wie würdest du ihn auslachen! Und was dich betrifft, Aristipp, so ist dieser prunkvolle Mantel durch manche Niederträchtigkeit erkauft. Was für ein Unterschied zwischen deinem verwöhnten, liebedienerischen, schlaffen Dasein und dem freien, standhaften Leben des zerlumpten Kynikers! Und ich, ich habe die Tonne verlassen, in der ich mein eigener Herr war, um in die Dienste eines Tyrannen zu treten.

Und das ist noch nicht alles, mein Lieber! Ich will dir sagen, welche Verwüstungen der Luxus anrichtet, welche Folgen es hat, wenn man sich ihm ausliefert.

Mein alter Hausrock und der ganze Plunder, mit dem ich mich eingerichtet hatte — wie gut paßte eins zum andern! Ein Stuhl aus Rohr, ein Tisch aus Holz, eine Bergamo-Tapete, halb Hanf halb Seide, ein fichtenes Brett, auf dem ein paar Bücher standen, einige verräucherte Stiche ohne Rahmen, einfach auf die alte Wandtapete genagelt; unter den Kupferstichen drei oder vier Gipsabgüsse; das alles paßte in seiner Kargheit aufs allerschönste zu meinem alten Hausrock.

Jetzt ist alles aus den Fugen. Die Übereinstimmung ist dahin, und mit ihr das richtige Maß, die Schönheit.

Eine alte Jungfer, die als Haushälterin in ein Pfarrhaus kommt, eine Frau, die einen Witwer heiratet, ein Minister, der seinen gestürzten Vorgänger ersetzt, ein Jesuit, der die Gemeinde eines Jansenisten übernimmt — keiner von ihnen kann mehr Unruhe stiften als die scharlachrote Robe, die sich bei mir eingenistet hat.

Der Anblick einer Bäurin mißfällt mir nicht. Das grobe Tuch, das ihren Kopf bedeckt; das strähnige Haar, das ihr ins Gesicht fällt; die Lumpen, die sie notdürftig bedecken; der schlechte, kurze Rock, der ihr nur bis zu den Knien reicht; ihre bloßen, schmutzbedeckten Füße: das alles stört mich nicht; es ist das Bild einer Lebenslage, die ich achte; es drückt das ganze Elend eines unentbehrlichen, unglücklichen Standes aus, den ich beklage. Aber übel wird mir, und trotz der Duftwolke, die sie umgibt, wende ich der Hure den Rücken zu, deren englische Spitzenhaube, deren zerrissene Manschetten, deren schmuddlige Seidenstrümpfe und abgetretene Schuhe mir die Misere von heute zeigen, die dem Überfluß von gestern auf dem Fuße folgt.

So hätte es auch in meiner Wohnung ausgesehen, wäre es dem scharlachroten Gebieter nicht gelungen, seinen Stil durchzusetzen. Ich habe mit ansehen müssen, wie die Bergamo-Tapete, die so lange die Wände bedeckt hat, einem Behang aus Damast wich. Zwei ganz passable Stiche, der *Mannaregen in der Wüste* von Poussin und die *Esther vor Ahasver* vom selben Künstler, wurden ohne Gnade vertrieben, und zwar durch einen *Greis* von Rubens — das war die arme Esther — und durch ein *Gewitter* von Vernet — das war der *Mannaregen*.

Der Rohrstuhl wurde einem Maroquinsessel zuliebe ins Vorzimmer verbannt.

Das schwache Fichtenbrett, das sich unter dem Gewicht von Homer, Vergil, Horaz, Cicero durchgebogen hatte, wurde von seiner Last befreit, die sich in einem Intarsienschrank verbarrikadiert hat, einem Zufluchtsort, der jenen Autoren besser zu Gesicht steht als mir.

Ein großer Spiegel beherrscht neuerdings meinen Kamin.

Die beiden hübschen Gipsabgüsse, die ich Falconets Freundschaft verdanke, der sie mit eigner Hand restauriert hatte, mußten einer sitzenden Venus weichen; so ist der Ton der Gegenwart an einer antiken Bronze zerschellt.

Der Tisch aus Holz hat noch eine Zeitlang das Feld behauptet, unter dem Schutz meiner aufgehäuften Hefte und Papiere, und es sah ganz so aus, als könnte ihn dieses Durcheinander noch lange vor der drohenden Katastrophe bewahren. Eines Tages ereilte auch ihn das Schicksal; trotz meiner Faulheit landeten die Broschüren und die Manuskripte in den Fächern eines kostbaren Schreibtisches.

Das ist der unselige Hang zur Konvention. Es ist das Zartgefühl, das alles ruiniert, der anspruchsvolle Geschmack, der alles verändert, ausrangiert, verschönert, das Oberste zuunterst kehrt; der die Ersparnisse der Väter plündert, die Mitgift der Töchter aufzehrt, die Ausbildung der Söhne gefährdet. Er, der so viele schöne Dinge und so viele Übel hervorbringt, er ist es, der mir statt meines alten Holztisches dieses unselige, kostbare *bureau-plat* aufgenötigt hat, er ist es, der ganze Völker zugrunderichtet; ja, vielleicht wird der gute Geschmack es sein, der eines Tages meine Habseligkeiten auf die Brücke von Saint-Michel zur Versteigerung schleift, und die heisere Stimme des Auktionators wird dazu rufen: Zwanzig Louis d'or für eine sitzende Venus!

Die leere Wand zwischen der Schreibtischplatte und dem *Gewitter* von Vernet, das darüber hängt, wirkte störend und kahl. Diesen freien Platz hat eine Uhr eingenommen, und was für eine Uhr! Eine Pendule von Geoffrin, deren Vergoldung nun mit dem Schimmer der Bronze wetteifert.

Und dann war da noch eine Ecke neben meinem Fenster frei, die nach einem Sekretär schrie; sie hat ihn bekommen.

7

Die letzte Lücke, die es noch zu beanstanden gab, zwischen dem Aufsatz des Sekretärs und dem schönen Rubens-Kopf, wurde von zwei Bildern La Grenées zugedeckt.

Da hängt nun eine *Magdalena* desselben Malers, dort eine Skizze von Vien oder von Machy, denn neuerdings habe ich mich auch auf Zeichnungen verlegt. Und auf diese Weise hat sich die bescheidene Dachstube des Aufklärers in das auftrumpfende Kabinett eines Steuerpächters verwandelt. Das ist ein Hohn auf die miserable Verfassung meines Landes, und ich habe meinen Teil daran.

Von meiner früheren, simplen Einrichtung ist mir nur noch ein Flickenteppich geblieben. Dieser armselige Vorleger verträgt sich kaum mit meinem Luxus; das ist mir klar. Aber ich habe mir geschworen und ich schwör's mir heute noch — denn Denis, der Philosoph, wird nie ein Meisterstück aus der Gobelinweberei von Chaillot mit Füßen treten —, daß ich diesem alten Stück die Treue halten werde, so wie der Bauer, der sich aus seiner Hütte ins Königsschloß versetzt sieht, seine Holzpantoffeln anbehält. Wenn ich am frühen Morgen im prächtigen Scharlachrock mein Arbeitszimmer betrete und ich senke den Blick, dann finde ich ihn wieder, meinen Flikkenteppich, er erinnert mich an meine frühere Lage, und mein Stolz bleibt mir im Halse stecken.

Nein, mein Freund, nein; noch bin ich nicht korrumpiert! Meine Tür steht jedem offen, der sich in seiner Not an mich wendet; er wird mich zugänglich finden; ich höre ihn an, ich bedaure ihn, ich rate und helfe, so gut ich kann. Mein Herz hat sich nicht verhärtet, ich spiele nicht den Erhabenen. Mein Rücken ist so breit wie früher, und er trägt seine Last. Es herrscht der alte Ton, freimütig und mitfühlend. Mein Luxus ist neuen Datums, und das Gift hat noch nicht gewirkt. Aber wer weiß, wohin das führt? Was ist von einem Menschen zu erwarten, wenn es soweit kommt, daß er seine Tochter vergißt, sich in Schulden stürzt und aufhört, sich um seine Familie zu kümmern, statt sparsam zu wirtschaften und Vorsorge zu treffen?

Ich bitte dich, großer Prophet, erhebe deine Arme zum Himmel und lege ein Wort ein für einen Freund, der in Gefahr schwebt; sprich zu Gott: „Wenn du, Herr, in deiner ewigen Weisheit siehst, daß der Reichtum das Herz von Denis verdirbt, dann schone die Meisterwerke nicht, die er anbetet; zerstöre sie und wirf ihn zurück in die Armut, aus der er gekommen ist!" Und ich meinerseits werde dem Himmel sagen: Herr, ich füge mich der Bitte deines Propheten und deinem Ratschluß. Ich lasse alles fahren, nimm es mir, nimm mir alles, nur nicht meinen Vernet. Ja, laß mir den Vernet! Es ist ja nicht der Künstler; du bist es doch, der ihn geschaffen hat. Verschone das Werk der Freundschaft und das deiner Hände. Sieh nur diesen Leuchtturm, und den zweiten Turm, der sich rechts davon erhebt; sieh diesen alten, vom Sturm zerfetzten Baum. Wie schön dieses Massiv gemalt ist! Und über dem dunklen Berg da, sieh die moosbedeckten Felsen. So hat sie deine allmächtige Hand geschaffen, so hat sie deine gütige Hand geschmückt. Sieh jene Steinterrasse, wie sie sich stufenweise vom Fuß des Felsens bis zum Meer herabsenkt ... ein Bild der Vergänglichkeit; denn du hast dafür gesorgt, daß die Zeit auch die härtesten Dinge dieser Welt zernagt. Wie wäre dieser Abhang sonst ans Licht deiner

9

Sonne getreten? Herr, wenn du dieses Werk der Kunst zerstörst, wird man von dir sagen, du seist ein eifersüchtiger Gott. Hab Erbarmen mit den Schiffbrüchigen, die an diesem Ufer gestrandet sind. Du hast ihnen den Abgrund gezeigt, laß es damit genug sein. Oder hast du sie nur gerettet, um sie endgültig zugrundezurichten? Erhöre ihr Dankgebet, hilf demjenigen, der die jämmerlichen Reste seiner Habe zusammenrafft! Nimm die Verwünschungen jenes Verzweifelten nicht beim Wort, der sich eine glückliche Heimkehr versprach; er hatte davon geträumt, sich zurückzuziehen und seine Ruhe zu finden; er glaubte seine letzte Reise zu tun. Hundertmal hat er sich unterwegs an den Fingern abgezählt, was er zurückgelegt hatte, und bedacht, was er damit anfangen wollte: nun sind alle seine Hoffnungen zunichte geworden; es ist ihm kaum genug geblieben, um seinen nackten Leib zu decken. Laß dich rühren von der Zärtlichkeit dieses Paars; du siehst ja, welchen Schrecken du der Frau eingejagt hast; sie dankt dir auch noch für das Unglück, das ihr erspart blieb. Ihr Kind, zu jung um zu begreifen, welcher Gefahr es, wie sein Vater und seine Mutter, ausgesetzt war, kümmert sich unterdessen um seinen treuen Reisegefährten; es legt seinem Hund das Halsband an; beschütze es, denn es ist ohne Schuld. Siehst du die Mutter dort, die mit ihrem Mann dem Tod in den Fluten mit knapper Not entgangen ist; nicht um ihr eigenes Leben hat sie gezittert, sondern um das ihres Kindes. Du siehst, wie sie es an die Brust drückt, wie sie es küßt.

Herr, erkenne auf diesem Bild die Wasser wieder, die du erschaffen hast, ob sie nun dein Atem erregt oder ob deine Hand sie glättet! Diese finsteren Wolken hast du versammelt,

10

und dir hat es gefallen, sie wieder zu zerstreuen. Schon lösen sie sich auf und entfernen sich; schon kehrt der Abglanz der Sonne auf der Wasserfläche wieder; am rötlichen Horizont ahne ich bereits die kommende Stille. Wie weit er ist, dieser Horizont! Er berührt sich nicht mit dem Meer. Der Himmel scheint sich unter ihm zu dehnen, als wollte er den ganzen Erdkreis umfangen. Gib diesem Himmel sein volles Licht wieder und dem Meer seinen ganzen Frieden. Laß die gestrandeten Matrosen ihr Schiff wieder flottmachen; steh ihnen bei in ihrer Arbeit; gib ihnen neue Kräfte, und laß mir mein Bild. Laß es mir; es gleicht der Rute, mit der du den Menschen in seiner Eitelkeit züchtigst. Denn schon kommen die Leute nicht mehr zu mir, um mich anzuhören; sie wollen meinen Vernet bewundern. Der Maler hat den Philosophen auf seinen Platz verwiesen.

Ja, mein Freund, ich besitze einen schönen Vernet. Sein Sujet ist das Ende eines Sturms, bei dem es ohne schwere Katastrophe abgeht. Noch ist die See bewegt, noch ist der Himmel voller Wolken; die Matrosen mühen sich um das gescheiterte Schiff, von den nahen Bergen eilen die Anwohner herbei. Wieviel Geist hat dieser Künstler! Ein paar Hauptfiguren genügen ihm, um alle Umstände des Moments, den er gewählt hat, darzustellen. Wie wahr diese Szene wirkt, wie leicht, ungezwungen und kraftvoll ist das gemalt! Ich will dieses Zeugnis seiner Freundschaft behalten; ich möchte, daß mein Schwiegersohn es seinen Kindern vermacht, und daß es von ihnen auf seine Kindeskinder und Urenkel kommt.

Wenn ihr sehen könntet, wie auf dieser Leinwand alles zusammenstimmt, wie es sich zum Ganzen fügt und ineinandergreift, wie alles, ohne Übertreibung und Effekthascherei, zur Geltung kommt — diese Berge rechts im zarten Dunst, die Felsen und die Bauwerke, die sie tragen, wie gelungen, wie malerisch dieser Baum! Wie das Licht auf der Terrasse dort spielt, welche Schattierungen es zeigt; und die Figuren — wie sie verteilt sind, so wahr, bewegt, natürlich, voller Leben! Man nimmt Anteil an ihnen, man merkt ihnen die Kraft des Malers an. Wie rein sie gezeichnet sind, wie sie sich vom Hintergrund abheben; und dann die unendliche Weite des Raumes, die Wiedergabe des Wassers! Was für Wolken, was für ein Himmel, was für ein Horizont! Ganz im Gegensatz zur landläufigen Technik ist hier der Hintergrund düster, der Vordergrund von Licht erfüllt. Kommt und seht ihn euch an, meinen Vernet, aber laßt ihn, wo er ist.

Mit der Zeit werden die Schulden abgetragen sein, meine Skrupel werden zur Ruhe kommen; reine Freude wird mich erfüllen. Ihr braucht nicht zu befürchten, daß mich die Sucht ergreift, schöne Gegenstände anzuhäufen. Die Freunde, die ich gewann, sind mir geblieben, und es sind ihrer nicht mehr geworden.

Ich habe meine Kurtisane, nicht sie mich. Ich bin glücklich in ihren Armen. Doch bin ich darauf gefaßt, sie, wenn die Stunde gekommen ist, dem zu überlassen, der mir lieb ist und den sie glücklicher machen kann als mich. Und, um euch mein Geheimnis ins Ohr zu sagen: diese Schönheit, die sich andern so teuer verkauft — mich hat sie nichts gekostet.

Über die Frauen

Der *Essai sur le caractère, les moeurs et l'esprit des femmes dans les différents siècles* von Antoine Léonard Thomas ist 1772 in Paris erschienen; Diderots Bemerkungen finden sich in Grimms *Correspondence littéraire* vom selben Jahr.

Ich habe viel übrig für Thomas; ich weiß sein stolzes Gemüt und seinen noblen Charakter zu schätzen. Er hat viel Geist; er ist ganz und gar anständig; und das heißt, er ist kein gewöhnlicher Mensch. Doch hat er sich, nach seiner *Abhandlung über die Frauen* zu urteilen, nie von einer Leidenschaft hinreißen lassen, die ich mir lobe — weniger der Freuden wegen, die sie uns einbringt, als wegen der Leiden, über die sie uns hinwegtröstet. Er hat viel gegrübelt, aber zuwenig empfunden. Er hat sich den Kopf zerbrochen, aber sein Herz ist ungerührt geblieben. Ich an seiner Stelle hätte mich weniger neutral, weniger besonnen ausgedrückt; ich hätte mehr Anteilnahme, mehr Wärme aufgebracht für das einzige Wesen auf dieser Erde, das uns Gefühl mit Gefühl vergilt und sein Glück findet in dem Glück, das es uns schenkt. Fünf oder sechs Seiten voller Überschwang, in seine Arbeit eingestreut, hätten die strikte Folge seiner sorgfältigen Betrachtungen brechen und ein reizvolles Werk daraus machen können. Er aber wollte, daß sein Buch weder dem einen noch dem andern Geschlecht angehöre, und leider hat er dieses Ziel erreicht. Ein Zwitter, ein Hermaphrodit ist dabei herausgekommen, dem es an weiblicher Lässigkeit ebenso fehlt wie an männlicher Energie. Dennoch, wenige unter unsern Tagesschriftstellern wären zu einer solchen Arbeit imstande gewesen, der man Belesenheit, Verstand, Scharfsinn und Ausgewogenheit anmerkt. Dafür fehlt es ihr an Abwechslung, an jener Geschmeidigkeit, die nötig wäre, um der unendlichen Vielfalt eines Wesens gerecht zu werden, das in seiner Kraft und seiner Schwäche bis zum Extrem geht, das beim Anblick einer Maus oder einer Spinne in Ohnmacht fällt, den größten Schrecknissen des Lebens aber nicht selten die Stirn zu bieten weiß.

Vor allem in der Liebesleidenschaft, in den Attacken der Eifersucht, den Aufwallungen mütterlicher Zärtlichkeit, den Anwandlungen des Aberglaubens, in der Art, wie sie teilnehmen an den ansteckenden Gefühlen der Menge, zeigt sich, was uns an ihnen erstaunt: dann sind sie schön wie die Engel Klopstocks oder fürchterlich wie Miltons Teufel. Ich habe Frauen gesehen, die sich in die Liebe, die Eifersucht, den Aberglauben, die Wut bis zu einem Grad hineinsteigerten, den ein Mann nie erleben wird. Der Gegensatz zwischen ihren heftigen Zuckungen und der Zartheit ihrer Züge macht sie abscheulich und entstellt sie umso mehr. Was uns betrifft, so brechen sich unsere Leidenschaften an den Geschäften und Streitigkeiten des Alltags. Die Frau hütet die ihrigen; das ist der fixe Punkt, auf den sie unablässig ihr Augenmerk richtet, da sie ansonsten meist unbeschäftigt oder mit nichtigen Dingen befaßt ist. Dieser Punkt kann sich bis ins Unermeßliche ausdehnen, und dann fehlt der leidenschaftlich erregten Frau zum Wahnsinn nur die gänzliche Abgeschiedenheit, die sie sucht.

Die Unterwerfung unter einen Gebieter, der ihr mißfällt, ist für sie eine Qual. Ich habe eine anständige Frau zittern sehen vor Abscheu, sobald ihr eigener Mann in die Nähe kam; ich habe gesehen, wie sie sich ins Bad stürzte und bemerkt, daß sie sich nie genügend reingewaschen fühlte von der Beschmutzung, zu der sie gezwungen worden war. Diese Art von Widerwillen ist uns Männern so gut wie unbekannt. Unser Organ ist weniger nachtragend. Manch eine Frau stirbt, ohne je den höchsten Genuß der Wollust gekannt zu haben. Dieses Gefühl, das ich mit einer flüchtigen Epilepsie vergleichen möchte, empfinden sie selten, während es uns entgegenkommt, sobald wir es herbeirufen. Sie, die Frauen, flieht oft das Glück in den Armen des Mannes, den sie anbeten. Wir dagegen finden es selbst an der Seite einer willigen Frau, die uns mißfällt. Sie sind weniger Herr über ihre Sinne als wir, und der Lohn, der ihnen zuteil wird, ist weniger schnell und weniger gewiß. Hundert Mal täuscht sie ihre Erwartung. Ihr Organismus ist von dem unsern so verschieden, die Triebfeder ihrer Lust so zart, die Quelle derselben so tief verborgen, daß es kein Wunder ist, wenn sie ganz ausbleibt oder in die Irre geht.

15

Wenn ihr hört, wie eine Frau die Liebe verwünscht und wie ein Schriftsteller das Urteil der Öffentlichkeit verachtet, so dürft ihr daraus schließen, daß die Reize der einen schwinden und das Talent des andern nachläßt. Nie hat ein Mann sich auf den geheiligten Dreifuß des delphischen Orakels gesetzt. Die Rolle der Pythia steht nur einer Frau an. Nur ein Weiberkopf kann derart außer sich geraten, daß er wahrhaftig das Nahen eines Gottes ahnt; nur eine Frau kann sich erregen, die Haare raufen, schäumen, rufen: *Ich fühle ihn, ja, er ist es, der Gott ist da!* und ihm dann ihre Stimme leihen. Ein Einsiedler, der Heilige Hieronymus, glühend in seinem Denken und in seinen Worten, sprach einst zu den Häuptern einer Sekte: *Haltet euch an die Frauen; sie nehmen leicht auf, weil sie unwissend sind; sie verbreiten ohne weiteres die Lehre, weil sie oberflächlich sind; sie halten länger an ihr fest, weil sie eigensinnig sind.* Undurchdringlich in ihrer Verstellung, grausam in ihrer Rache, zäh in ihren Plänen, skrupellos in ihren Mitteln, von einem tiefen heimlichen Haß auf die Despotie der Männer beseelt, scheint es, als hingen sie einer selbstverständlichen Verschwörung an, die es auf die Herrschaft abgesehen hat — einer Art Geheimbund, wie ihn die Priester aller Nationen geschlossen haben. Sie kennen seine Satzung, ohne daß sie sich darüber aussprechen müßten.

In ihrer angeborenen Neugierde wollen sie alles wissen, sei es, um Gebrauch davon zu machen, sei's, um Schindluder damit zu treiben. In Zeiten der Revolution geben sie sich aus Neugier den Parteiführern hin. Wer sie durchschaut, der hat in ihnen einen unerbittlichen Feind. Liebt ihr sie, so werden

sie euch ins Verderben stürzen und sich selbst mit hineinrei-
ßen; durchkreuzt ihr die Absichten, die ihnen der Ehrgeiz
einflößt, so wird ihr Herz bewegen, was der Dichter der Ro-
xane in den Mund legt:

Was gilt mir Liebe, wenn sich mein Geliebter nicht
noch heut mit mir vermählt, wenn er es wagt, der Wicht,
mir vorzuhalten Regeln öd und Pflichten leer,
mir, die ich alles für ihn tat — und was tat er? —,
ja, dann verlaß ich ihn, denn er ist undankbar.
Ich achte meiner Liebe nicht, nicht der Gefahr
für mich, und stoß in jenes Elend ihn zurück,
aus dem ich selber ihn erhob zu seinem Glück.

Racine, Bajazet, I, 3.

Sie alle sollten sich gesagt sein lassen, was ein anderer, weniger eleganter Dichter einer von ihnen vorhält:

Im Taumel der Begierde haltet ihr gewandt
Stets noch die Zügel eurer Herrschaft in der Hand,
weil es euch nicht genügt, wenn Liebe ihr gewinnt,
weil euer dreistes Herz auf Unterwerfung sinnt.
Ihr werdet immer nur nach der Regierung trachten
und noch den ritterlichsten, besten Freund verachten,
wenn euern schönen Augen er nicht unbedingt
Ehr und Gesetz und Pflicht und Gott zum Opfer bringt.

Crebillon, Catalina, II, 1.

Wenn einer Frau sehr viel daran liegt, euch irrezuführen, wird sie den Rausch der Leidenschaft vortäuschen; ja sie wird ihn sogar empfinden, ohne sich zu vergessen. Noch im Augenblick ihrer Hingabe verfolgen die Frauen manchmal eine verborgene Absicht. Sie verstehen es besser als wir, sich über ihre eigene Lust etwas vorzumachen.

Der Stolz ist ein Fehler, der ihnen näherliegt als uns. Eine junge Samojedin tanzte nackt mit einem Dolch in der Hand. Es schien, als wollte sie sich erstechen; aber sie wich ihren eigenen Stößen so geschickt aus, daß sie ihren Landsleuten weismachen konnte, ein Gott mache sie unverwundbar; und somit erschien sie ihnen als eine geheiligte Person. Diesem rituellen Tanz wohnten einige Reisende aus Europa bei; und so fest sie auch davon überzeugt waren, daß diese Frau nichts weiter war als eine abgefeimte Gauklerin, so wußte sie doch ihre Augen durch die Gewandtheit ihrer Bewegungen zu täuschen. Am andern Tag wurde sie gebeten, ihren Tanz zu wiederholen. *Nein*, erwiderte sie, *ich tanze nicht noch einmal; der Gott will es nicht; ich würde mich verwunden.* Man ließ nicht nach, sie zu bitten. Die Eingeborenen schlossen sich dem Wunsch der Europäer an. Sie tanzte. Sie wurde entlarvt. Das merkte sie; und im selben Augenblick stürzte sie hin, die Brust von ihrem Dolch durchbohrt. *Ich wußte es*, sagte sie denen, die ihr zu Hilfe eilten; *der Gott hat es nicht gewollt; ich sah es kommen.* Was mich daran Wunder nimmt, ist nicht, daß sie den Tod der Schande vorzog, sondern daß sie sich hat heilen lassen.

Und haben wir nicht hier und heutzutage [auf den Versammlungen der jansenistischen Sektierer] eine Frau gese-

18

hen, die, mit einem Fallhütchen auf dem Kopf, die Kindheit der Kirche darstellte, mit Händen und Füßen an ein Kreuz genagelt, die Seite von Lanzenstichen durchbohrt, wie sie vor Qualen zuckend ihre Rolle durchhielt? Während der kalte Schweiß von ihren Gliedern rann und ihre Augen schon vom Schleier des Todes getrübt waren, wandte sie sich an den Anführer dieser Herde von Fanatikern und, statt wie ein leidender Mensch zu klagen: *Mein Vater, ich will schlafen*, sprach sie mit der Stimme eines kleinen Kindes: *Papa, ich will in die Heia*. Auf einen Mann kommen hundert Weiber, die einer solchen Stärke und Geistesgegenwart fähig sind.

Die gleiche Frau oder eine ihrer Gefährtinnen sagte, indem sie ihn schmachtend anblickte, dem jungen Du Doyer, während er ihr mit einer Zange die beiden Nägel herauszog, die ihre Füße durchbohrten: *Gott, der uns die Gabe verlieh, Wunder zu wirken, hat uns noch lange nicht in den Stand der Heiligkeit versetzt.*

Madame de Stael wird zusammen mit ihrer Herrin, der Herzogin von Maine, in die Bastille gebracht; sie muß feststellen, daß die Herzogin alles gestanden hat. Schon sehen wir sie weinen, sich am Boden wälzen, schreien: *Ach, meine unglückliche Gebieterin ist wahnsinnig geworden!* Von einem Mann kann man etwas Derartiges nicht erwarten.

Die Frau ist in ihrem Inneren mit einem Organ versehen, das empfänglich ist für schreckliche Krämpfe. Dieses Organ beherrscht sie und ruft in ihrer Phantasie Hirngespinste aller Art hervor. Im hysterischen Delirium kommt sie auf die Vergangenheit zurück und greift der Zukunft vor; alle Zeiten werden ihr dann zur Gegenwart. Ihre überschwenglichen

19

Ideen entspringen sämtlich dem Organ, das ihrem Geschlecht eigentümlich ist. In ihrer Jugend hysterisch, wird die Frau in höherem Alter leicht zur Betschwester; wenn ihr im Alter einiges von ihrer Energie verblieben ist, so spricht ihr Kopf nach wie vor die Sprache der Sinne, mögen diese auch längst verstummt sein.

Nichts liegt so nahe beieinander wie die Extase, das Zweite Gesicht, die Wahrsagerei, die Offenbarung, die schwärmerische Poesie und die hysterische Veranlagung. Wenn die Karschin aus Preußen ihr Auge zum gewitterflammenden Himmel erhebt, sieht sie Gott in der Wolke; sie sieht, wie er aus einem Zipfel seines schwarzen Mantels Blitze auf das Haupt des Gottlosen schleudert; sie sieht es vor sich, das Haupt des Bösen. Ebenso fühlt sich die Nonne in ihrer Zelle bis in die Lüfte erhoben; ihre Seele ergießt sich in den Schoß der Gottheit; ihre Essenz vermischt sich mit der des göttlichen Wesens; sie windet sich; sie stirbt dahin; ihre Brust hebt und senkt sich immer schneller; ihre Gefährtinnen, die sich um sie scharen, lösen ihr den Gürtel des Gewandes, das ihr zu eng wird. Es wird Nacht; sie vernimmt den Gesang der Engel; ihre eigene Stimme fällt ein in diesen Chor. Endlich kehrt sie zur Erde zurück; sie spricht von unsagbaren Freuden; man lauscht ihr; sie ist überzeugt; man glaubt ihr alles.

Eine von der Hysterie beherrschte Frau empfindet — ich weiß nicht was, Höllenqualen oder himmlische Freuden. Zuweilen hat mich das erschauern lassen. Ich habe sie gesehen und gehört, wie die Wut eines wilden Tieres sie ergriff — und diese Bestie ist ein Teil ihrer selbst. Welch ein Taumel!

Welch ein Ausdruck! Was sie hervorstieß, das waren nicht die Worte einer Sterblichen. Madame Guyon legt in ihrer Schrift *Sturzbäche* eine Beredsamkeit an den Tag, die ohne Beispiel ist. Und es war die Heilige Therese, die von den Dämonen sagte: *Wie unglücklich müssen sie sein, da sie die Liebe nicht kennen.* Der Quietismus ist die Heuchelei des verderbten Mannes und die wahre Religion der empfindsamen Frau.

Immerhin, einen Mann gibt es, der von so lauterem Charakter und so schlichten Sitten war, daß eine liebenswürdige Frau sich ohne nachteilige Folgen neben ihm vergessen und ihrem Gott hingeben durfte; er war aber auch der einzige; er hieß Fénelon.

Eine Frau war es, die in den Gassen Alexandrias, barfuß, mit fliegendem Haar, eine Fackel in der einen, einen Wasserkrug in der anderen Hand, umherschweifte und rief: *Mit dieser Fackel will ich den Himmel verbrennen und mit diesem Wasser die Hölle löschen, auf daß der Mensch Gott nur um seiner selbst willen liebe.* Nur eine Frau kann in einer solchen Rolle aufgehen.

Doch so ungestüm diese Phantasie, so unbezwingbar dieser Geist scheinen mag, ein Wort reicht hin, um sie niederzuschlagen. Zu den Frauen von Bordeaux, die über furchtbare Krämpfe klagten, sagt ein Arzt: *Euch droht die Fallsucht!* — und sogleich sind sie geheilt. Ein andrer Arzt schwingt vor den Augen einer Schar von Mädchen, die an Anfällen litten, ein glühendes Eisen; und sogleich sind sie gesundet. Lebensüberdruß ergreift die Weiber von Milet; die Obrigkeit erklärt, die erste, die Hand an sich lege, werde splitternackt

21

auf dem Marktplatz zur Schau gestellt; und siehe da, die Milesierinnen söhnen sich mit dem Leben aus. Die Frauen sind einer Raserei ausgesetzt, die epidemisch wirkt. Das Beispiel einer einzigen reißt eine Menge anderer mit sich fort. Nur die erste ist strafwürdig; die übrigen sind krank. O Frauen, was seid ihr für sonderbare Geschöpfe!

Ein klein wenig Phantasie und Mitgefühl — ach, lieber Monsieur Thomas, warum haben Sie sich diesen Gaben nicht anvertraut, die Ihnen doch gewiß nicht fremd sind? —, und schon hätten Sie unser Herz gerührt. Warum haben Sie uns nicht gezeigt, wie die Frauen, kaum daß die ersten Kinderkrankheiten überstanden sind, in ihrer Entwicklung beengt und in ihrer Ausbildung vernachlässigt werden; und dabei sind sie den Launen des Schicksals nicht weniger, sondern mehr ausgesetzt; denn ihre Seele ist labiler, und es fehlt ihnen jene angeborene oder erworbene Festigkeit, die uns gegen die Wechselfälle des Lebens wappnet; kaum sind sie erwachsen, verurteilt man sie zum Schweigen; zu alledem sind sie auch noch einem Ungemach unterworfen, das sie auf ihre Rolle als Gattin und Mutter vorbereitet; sobald dieser Fall eintritt, sind sie unruhig, niedergeschlagen, schwermütig; ihre Eltern sind besorgt, denn nun geht es nicht nur um das Leben und die Gesundheit ihres Kindes, sondern um seinen Charakter: in diesem Augenblick entscheidet sich nämlich, was aus einem Mädchen werden wird. Von nun an wird sie ihr Leben lang scharfsinnig sein oder einfältig, finster oder heiter, ernst oder flatterhaft, gut oder bösartig, die erfüllte oder die enttäuschte Hoffnung ihrer Mutter. Lange Jahre hindurch wird dieses Ungemach sie jeden Monat heimsuchen. Der Augenblick ist gekommen, der sie von der Herrschaft ihrer Eltern befreien soll; ihre Phantasie eröffnet ihr eine Zukunft voller Illusionen; ihr Herz schwelgt in heimlichen Wonnen. Ja, freue dich nur, unglückliches Geschöpf! Die Tyrannei, der du entkommen bist, hätte sich mit der Zeit unmerklich gemildert; diejenige, die dir bevorsteht, wird mit den Jahren unaufhaltsam zunehmen. Man wählt ihr einen Gatten. Sie wird Mutter. Die Schwangerschaft ist für fast alle Frauen hart. Unter Schmerzen, bei Gefahr ihres Lebens, auf Kosten ihrer Reize und oft zum Schaden ihrer Gesundheit bringen die Frauen ihre Kinder zur Welt. Die erste Wohnstatt des Säuglings und die beiden Quellen seiner Nahrung, diese beiden wesentlichen Organe des Geschlechts, sind unheilbaren Krankheiten ausgesetzt. Vielleicht ist keine Freude auf Erden mit der einer Mutter zu vergleichen, die ihr Erstgeborenes erblickt; aber dieser Augenblick des Glücks wird teuer erkauft. Der Vater kann die Sorge um seine Söhne einem Hauslehrer anvertrauen, den er bezahlt; die Obhut der Töchter bleibt Aufgabe der Mutter. Das Alter schreitet fort; die Schönheit schwindet; es kommen die Jahre der Verlassenheit, der trüben Laune und der Langeweile. Durch ein Ungemach hat die Natur sie auf die Mutterschaft vorbereitet; durch jahrelange und gefährliche Beschwerden wird ihr diese Gabe wieder abgenommen. Was bleibt ihr dann? Von ihrem Gatten vernachlässigt, von ihren Kindern verlassen, von der Gesellschaft mißachtet, bleibt ihr nur die Kirche als einzige und letzte Zuflucht.

In fast allen Ländern hat die Grausamkeit der bürgerlichen Gesetze sich mit der Grausamkeit der Natur gegen die

Frauen verbündet. Sie werden behandelt wie schwachsinnige Kinder. Keine Art der Quälerei gibt es, die der zivilisierte Mann nicht ungestraft an der Frau verüben könnte. Die einzige Vergeltung, die in ihrer Macht steht, bringt das Zerwürfnis der Ehe mit sich und wird mit mehr oder weniger offener Verachtung gestraft, je nachdem, wie es mit den Sitten der Nation bestellt ist. Aber auch bei den Wilden gibt es keine Art der Mißhandlung, der die Frau nicht ausgesetzt wäre. Sie lebt unglücklich in den großen Städten, doch noch unglücklicher im Urwald.

Hört, was eine Indianerin vom Orinoco darüber zu sagen hat, und hört es, wenn ihr könnt, ohne Erschütterung. Der Missionar Gumilla, ein Jesuit, machte ihr Vorwürfe, weil sie eine Tochter, die sie geboren hatte, ums Leben brachte, indem sie ihr die Nabelschnur zu kurz abschnitt.

Wollte Gott, entgegnete sie ihm, wollte Gott, meine Mutter hätte in dem Augenblick, da sie mich zur Welt brachte, Liebe und Erbarmen genug gehabt, um ihrem Kinde all das zu ersparen, was ich erleiden mußte und bis ans Ende meiner Tage erleiden werde! Hätte meine Mutter mich bei meiner Geburt erstickt, so wäre ich gestorben; aber ich hätte den Tod nicht gefühlt und wäre dem schlimmsten Elend entgangen. Was habe ich nicht schon ausgestanden, und wer weiß, welche Leiden mir noch bevorstehen? Stelle dir, Pater, die Plagen vor, die einer Indianerin unter Indianern beschieden sind. Sie folgen uns aufs Feld mit Pfeil und Bogen. Wir müssen uns mit einem Kind abschleppen, das an unserer Brust hängt, und mit einem zweiten, das wir in einem Korbe tragen. Sie schießen einen Vogel oder fangen einen Fisch. Uns

24

lassen sie das Erdreich umgraben; und wenn wir die ganze Last der Feldarbeit überstanden haben, müssen wir uns mit der Ernte abmühen. Sie kehren abends ohne Last auf ihren Schultern heim; wir aber sollen ihnen Wurzeln zum Essen und Mais zum Trinken bringen. Zuhause unterhalten sie sich mit ihren Freunden, während wir Wasser und Holz holen, um ihnen ihr Abendessen zu bereiten. Kaum haben sie gegessen, so schlafen sie ein; wir aber bringen fast die ganze Nacht damit zu, Mais zu mahlen oder Chica für sie anzusetzen. Was ist der Lohn für unsere nächtliche Mühe? Sie trinken ihre Chica und berauschen sich daran; und sind sie erst betrunken, so raufen sie uns an den Haaren und treten uns mit Füßen. Ach, Pater, wollte Gott, meine Mutter hätte mich bei der Geburt erstickt! Du weißt sehr wohl, daß unsere Klagen berechtigt sind. Was ich dir erzähle, das siehst du alle Tage. Aber von unserem größten Unglück kannst du nichts ahnen. Es ist traurig genug für die arme Indianerin, daß sie ihrem Mann wie eine Sklavin dienen muß, mit Schweiß bedeckt auf dem Feld und ohne Ruhe zu finden im Haus; entsetzlich aber ist es, wenn sie mit ansehen muß, wie er nach zwanzig Jahren eine andere, Jüngere, Unerfahrene zur Frau nimmt. Von nun an hängt er ihr allein an. Sie schlägt uns, schlägt unsere Kinder, kommandiert uns herum, behandelt uns wie ihre Mägde; und beim geringsten Murren, das wir uns erlauben, schwingt sie den Stock . . . Ach, Pater, wie sollen wir einen solchen Zustand ertragen? Was kann eine Indianerin Besseres tun, als daß sie ihrem Kind eine Knechtschaft erspart, die tausendmal schlimmer ist als der Tod? Wollte Gott, Pater, ich sage es noch einmal, meine Mutter hätte mich lieb genug gehabt, um mich zu begraben, sobald ich geboren war! Mein Herz hätte weniger zu leiden und meine Augen weniger zu weinen gehabt.

Frauen, ich beklage euer Los! Für euer Elend kann es nur eine Entschädigung geben; und wäre ich Gesetzgeber, so wäre sie euch womöglich zuteil geworden. Von jeder Knechtschaft befreit, hättet ihr, wo immer ihr euch zeigt, als unantastbar gegolten.

Wer über die Frauen schreibt, Monsieur Thomas, der muß seine Feder in den Regenbogen tauchen und den Staub von Schmetterlingsflügeln über jede Zeile streuen; so wie beim Hündchen des Pilgers muß es bei jedem Pfotendruck Perlen regnen. Doch von Ihrer Hand ist dergleichen nicht zu erwarten. Damit, daß man über die Frauen spricht, und daß man meinetwegen gut von ihnen spricht, Monsieur Thomas, damit ist es nicht getan; ich möchte sie vor mir sehen. Ja, ich will sie vor Augen haben wie empfindliche Instrumente, an denen der geringste Wandel der Sitten und Gebräuche abzulesen ist. Setzen Sie, so unparteiisch und genau wie nur möglich, die Vorrechte des Mannes und der Frau fest; aber vergessen Sie dabei nicht, daß die Frauen für Grundsätze und Argumente wenig übrig haben; daß ihre Überzeugungen nicht allzu tief in ihrem Verständnis gegründet sind; daß die Ideen und Begriffe der Gerechtigkeit, der Tugend, des Lasters, des Guten und des Bösen nur an der Oberfläche ihrer Seele schwimmen; daß sie mit der ganzen Gewalt der Natur an ihrer Eigenliebe und an ihrem Eigennutz festhalten; und daß sie, obgleich äußerlich gesitteter als wir, in ihrem Innern die wahren Wilden geblieben sind; mehr oder weniger ver-

26

fahren sie allesamt nach der Art des Machiavell. Überhaupt ist das Symbol der Frauen das der Apokalypse, und auf ihrer Stirne steht geschrieben: *Mysterium*. Wo sich für uns eine eherne Mauer auftürmt, da finden sie oft nur ein Spinnennetz.

Man hat die Frage aufgeworfen, ob die Weiber für die Freundschaft geschaffen seien. Nun gibt es Frauen, die Männer, und Männer, die Frauen sind; was mich betrifft, so werde ich mir nie ein Mannweib zum Freunde wählen. Mag sein, daß wir mehr Verstand haben als die Frauen; an Instinkt hingegen sind sie uns weit überlegen. Eine einzige Lehre hat sich ihnen gut eingeprägt, nämlich das Feigenblatt, das sie von ihrer Urmutter ererbt haben, recht wohl zu tragen. Alles, was man ihnen beibringt, und was man ihnen achtzehn, neunzehn Jahre lang immer wieder einschärft, läuft auf den einen Satz hinaus: Mein Kind, nimm nur dein Feigenblatt in acht; es steht gut, es steht recht übel mit deinem Feigenblatt.

Bei einem galanten Volk wie dem unsrigen hat eine Liebeserklärung mit Gefühlen nichts zu tun. Mann und Frau erblicken nichts weiter darin als einen Austausch von Annehmlichkeiten. Doch was hat dann dieses Wort zu bedeuten, das sich so leicht ausspricht und so geschwind versteht: *Ich liebe Sie?* In Wirklichkeit besagt es nur: Wenn Sie, mein Fräulein, mir Ihre Unschuld und Ihren Ruf opfern, wenn Sie Ihre Selbstachtung und die aller andren verlieren, wenn Sie der Gesellschaft von nun an mit gesenkten Augen begegnen wollen — es sei denn, Sie hätten sich bereits an ein leichtfertiges Leben gewöhnt und wären unverschämt genug, der

Meinung der Welt die Stirn zu bieten —; wenn Sie also allem Anstand entsagen, ihre Eltern vor Kummer sterben lassen und mir dafür einen Augenblick des Vergnügens verschaffen wollen, dann bin ich Ihnen wirklich sehr verbunden.

Mütter, lest euren Töchtern diese Zeilen vor. Sie sind der kurzgefaßte Kommentar zu allen Schmeicheleien, die man an sie richten wird; ihr könnt sie nie zu früh davor warnen. Man hat der Galanterie soviel Bedeutung beigelegt, daß dem Mädchen, hat es einmal den ersten Schritt getan, kein Rest von Tugend mehr zu bleiben scheint. Es ergeht ihm so wie der Scheinheiligen und dem heuchlerischen Priester, bei denen der Unglaube fast schon die Sittenlosigkeit besiegelt. Wenn sie die Schwelle zum Verbrechen erst überschritten haben, so schrecken sie vor nichts mehr zurück.

Während wir in den Büchern lesen, lesen die Frauen im großen Buch der Welt. So befähigt sie gerade ihre Unwissenheit, die Wahrheit ohne Zögern aufzunehmen; man braucht sie ihnen nur zu zeigen. Keine Autorität hat sie hörig gemacht; bei uns dagegen trifft die Wahrheit an den Pforten der Vernunft eine Schildwache nach der andern an, die ihr den Eintritt verwehrt, mögen diese Wächter auch Plato, Aristoteles, Epikur oder Zeno heißen. Die Weiber sind selten systematisch; sie hängen stets von den Eingebungen des Augenblicks ab.

Thomas sagt kein Wort von den Vorteilen, die der Umgang mit Frauen für einen Schriftsteller hat; das nenne ich undankbar. Da die Seele der Frauen nicht zimperlicher als die unsrige ist; da es ihnen aber die Schicklichkeit nicht erlaubt, sich ebenso freimütig wie wir zu äußern, so haben sie sich ein eigenes, zartes Gezwitscher geschaffen, auf dessen Melodie sich alles singen läßt, was man nur will; man muß nur oft genug in ihrer Volière mitgepfiffen haben. Entweder schweigen die Frauen dazu, oder sie geben sich den Anschein, als wagten sie das, was sie sagen, gar nicht auszusprechen.

Man errät ohne weiteres, daß Rousseau viel Zeit zu Füßen der Frauen verloren, und daß Marmontel manche Stunde in ihren Armen verbracht hat. Thomas und d'Alembert hingegen hat man fast im Verdacht, daß sie allzu brav geblieben sind.

Im Umgang mit Frauen gewöhnt man sich daran, auch die trockensten und schwierigsten Probleme klar und elegant zu behandeln. Man richtet seine Rede immer nur an sie; man möchte von ihnen gehört werden; man fürchtet, sie zu ermüden und zu langweilen; und man nimmt eine ganz eigene Leichtigkeit im Ausdruck an, die im Gespräch entsteht und in den Stil eingeht. Und wenn eine Frau Genie hat, so prägt es sich bei ihr, wie ich glaube, ursprünglicher aus als bei uns.

6. Auflage

© 1991 Hans Magnus Enzensberger, München
© 2019 (für diese Ausgabe)
Friedenauer Presse GmbH, Göhrener Str. 7, 10437 Berlin
Alle Rechte vorbehalten

Umschlag-Zeichnung von Horst Hussel
Gesetzt in der Cicero Walbaum-Antiqua von Harald Weller, Berlin

Die Herstellung übernahm Hermann Zanier, Berlin.
Gedruckt und gebunden von ArtDruk, Szczecin

ISBN 978-3-921592-76-2
www.friedenauer-presse.de